EN ESTE CUENTO NO HAY NINGÚN GIGANTE

Puedes consultar nuestro catálogo en www.picarona.net

En este cuento no hay ningún gigante. Texto: Lou Carter · Ilustraciones: Deborah Allwright · 1.ª edición: octubre 2025 · Título original: There Is No Giant in This Story · Traducción: Julia GimÀ · Maquetación: El Taller del Llibre, S. L. · Corrección: Sara Moreno · © 2024, Lou Carter & Deborah Allwright · Libro publicado por acuerdo con Bloomsbury Publishing Plc. (Reservados todos los derechos) · © 2025, Ediciones Obelisco, S. L. · Collita, 23-25. Pol. Ind. Molí de la Bastida - 08191 Rubí - Barcelona - España · Tel. 93 309 85 25 · E-mail: picarona@picarona.net

Printed in China

DL B 7597-2025

ISBN: 978-84-9145-846-3

Para Sofía Angela,
con amor
– L. C.

Para Fig,
con amor
– D. A.

EN ESTE CUENTO NO HAY NINGÚN GIGANTE

LOU CARTER   DEBORAH ALLWRIGHT

 Picarona

Se suponía que ésta era una
historia sobre un gigante

¡CRAC! ¡PIM!
¡PAM! ¡PUM!

que vivía en un castillo encima de una planta
de habichuelas

¡NO PUEDE SER!

y se enfadaba cuando un chico
le robaba sus cosas...

CON RAZÓN...

Pero Jack le cortó la planta de habichuelas

¡PLANTA VAAAAAAA!

y derrumbó su castillo.

Fin.

Sin embargo, no voy a poder contarte
esa historia porque ESTE gigante
no quiere quedarse en su castillo.

¡FIU! ¡ZAS! ¡ZIU! ¡ZUM!

¡Travesuras, travesuras, allá voy!

—No, no, ¡no es así como funciona! -dice Jack-. ¡No puedes bajar AQUÍ!

Pero los gigantes NUNCA hacen lo que se les dice.

—Es muy ABURRIDO estar en el cielo.

Seguro que hay muchos juegos divertidos aquí abajo.

Puedo ir **pisoteando** cosas

con mis pies **gigantes...**

y llenar la Tierra con mis **GRITOS ESTRIDENTES.**

Así que el gigante va hacia el pueblo...

¡PUM, PUM, PUM!

¡Ñam, Ñam, Ñam!

¡Paf, paf, paf!

—¡No podemos quedarnos aquí! —dice Cenicienta—. ¡Está **destruyendo** nuestras historias!

Por suerte, el hombrecillo de jengibre tuvo una **idea**.

—¡Atención! ¡Todos a subir por la planta de habichuelas!

Ay, madre. ¿Dónde se han ido **todos**?
—¡Seguro que estarán **jugando** al escondite!
—dice el gigante.

¡CRAC!
¡PIM!
¡PAM!
¡PUM!
Escondidos o no...

¡Allá voy!

Pero no hay nadie aquí...

O aquí...

O...

... ¡EN NINGUNA PARTE!

¡El gigante no puede encontrar a nadie!

—Se está muy solo aquí en el suelo. No hay nadie con quien jugar a juegos divertidos.

—Los has asustado a todos –dice el dragón–. Quizás si pudieras intentar ser un poco más tranquilo y pisar con más cuidado...

... y no romper tantas cosas.

¡Así, quizás no huirían de ti!

¡Pero los gigantes NUNCA hacen lo que se les dice!

No pueden hablar **bajito**...

Y, definitivamente, **TAMPOCO** son buenos yendo de puntillas,

¡o siendo **supercuidadosos**!

–¡De verdad necesitamos a un GIGANTE en esta histoooooria! –grita el hombrecillo de jengibre.

–¡Nadie es SUFICIENTEMENTE FUERTE para cogernos a todos!

¡Pero los gigantes NUNCA
hacen lo que se les pide!

¿O sí...?

¿Lo HACEN?

¡Lo HACEN!

¡OS VOY A SALVAR A TODOS!

¡HURRA!

¡El gigante ha **salvado** el día!

Pero **¡cuántas** cosas hay que ordenar!

Más tarde...

Quizás...

¡CRAC! ¡PIM! ¡PAM! ¡PUM!
Escondidos o no...
¡Allá voy!

Así que aquí lo tienes: una historia sobre un gigante.

¡CRAC! ¡PIM! ¡PAM! ¡PUM!

Que era **demasiado** grande y gritón.

¡SHHHHH!

Y que asustaba a todo el mundo... ¡ARRIBA, ARRIBA, SUBID A LA PLANTA DE HABICHUELAS!

Pero con un poco de ayuda del dragón,

DE PUNTILLAS

¡BUM! ¡BANG! ¡CHAS!

todo el mundo bajó

¡YUJUJÚ!

¡para jugar juntos!

FIN